Fiestas
con velas

Fiestas con velas 123

Jennifer Blizin Gillis

Traducción de Beatriz Puello

Heinemann Library
Chicago, Illinois

© 2002 Reed Educational & Professional Publishing
Published by Heinemann Library,
an imprint of Reed Educational & Professional Publishing,
Chicago, Illinois

Customer Service 888-454-2279
Visit our website at www.heinemannlibrary.com

Designed by Sue Emerson, Heinemann Library
Printed in and bound in the U.S.A. by Lake Book

06 05 04 03 02
10 9 8 7 6 5 4 3 2 1

Library of Congress Cataloging-in-Publication Data
Gillis, Jennifer, 1950-
   [Candle time 123 Spanish.]
   Fiestas con velas 123 / Jennifer Blizin Gillis.
       p. cm. — (Fiestas con velas)
Includes index.
Summary: A counting book which features various holidays that use candles as part of their celebration.
   ISBN: 1-58810-787-6 (HC), 1-58810-834-1 (Pbk.)
   1. Festivals—Juvenile literature. 2. Counting--Juvenile literature. [1. Holidays. 2. Counting. 3. Spanish language materials.] I. Title: Fiestas con velas uno dos tres. II. Title. III. Series.
GT3933 .G553 2002
394.26—dc21
                                        2001039992

Acknowledgments
The author and publishers are grateful to the following for permission to reproduce copyright material:
p. 3 Robert Frerck/Odyssey/Chicago; p. 5 Albert Molday/National Geographic Image Collection; p. 7 Leslie Hale; p. 9 Eric Kamp/Index Stock Imagery ; pp. 11, 13, 21, 22 Craig Mitchelldyer; p. 15 Lawrence Migdale; pp.17,19 Michael Brosilow/Heinemann Library; glossary (menorah) Smith/Index Stock Imagery

Cover photographs courtesy of Bob Daemmrich/Stock Boston/Picturequest (left); Michael Brosilow/Heinemann Library (center); Craig Mitchelldyer (right)

Every effort has been made to contact copyright holders of any material reproduced in this book. Any omissions will be rectified in subsequent printings if notice is given to the publisher.

Special thanks to our bilingual advisory panel for their help in the preparation of this book:
Aurora García
Literacy Specialist
Northside Independent School District
San Antonio, TX

Argentina Palacios
Docent
Bronx Zoo
New York, NY

Ursula Sexton
Researcher, WestEd
San Ramon, CA

Laura Tapia
Reading Specialist
Emiliano Zapata Academy
Chicago, IL

Unas palabras están en negrita, **así**.
Las encontrarás en el glosario en fotos de la página 23.

Uno   1

Una **procesión** de las posadas.

Dos 2

Los **faroles** alumbran la **procesión** de las posadas.

¿Cuántos faroles ves?

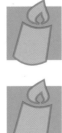

Tres 3

Las familias encienden **diyas** en Diwali.

¿Cuántas diyas ves?

7

Cuatro 4

El **dreidel** tiene una letra en **hebreo** en cada lado.

¿Cuántas letras en hebreo ves?

Cinco   5

El pastel de cumpleaños tiene velas.

¿Cuántas velas ves?

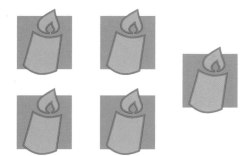

Seis   6

Aquí hay **adornos**
de Navidad.

¿Cuántos adornos ves?

13

Siete   7

Kwanzaa dura siete días.

¿Cuántas velas hay en la **kinara?**

15

Ocho   8

Hanukkah dura ocho noches.

¿Cuántas velas hay en la **menorah?**

Nueve 9

La **shamash** se usa para encender las otras velas de la **menorah**.

¿Cuántas velas hay ahora?

Diez   10

El **gelt** de Hanukkah
es dinero de dulce.

¿Cuántos gelt ves?

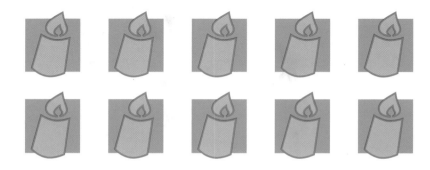

1
2
3
4
5
6
7
8
9
10

¡Mira bien!

¿Cuántos regalos hay en esta fiesta de cumpleaños?

Busca las respuestas en la página 24.

Glosario en fotos

diya
páginas 6–7

kinara
páginas 14–15

dreidel
páginas 8–9

menorah
páginas
16–17, 18–19

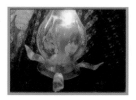
farol
páginas 4–5

adorno
páginas 12–13

gelt
páginas 20–21

procesión
página 3

hebreo
páginas 8–9

shamash
páginas 18–19

Nota a padres y maestros

Este libro permite a los niños practicar conceptos matemáticos básicos a la vez que aprenden datos interesantes sobre las celebraciones con velas. Ayude a los niños a ver la relación entre los números 1 a 10 y los iconos de velas que aparecen en la parte inferior de las páginas. Para ampliar el concepto, dibuje diez "velas" en una cartulina y recórtelas. Lean juntos *Fiestas con velas 123* y a medida que lee pida que coloquen la cantidad correspondiente de "velas" sobre la foto. Esta actividad también se puede realizar con objetos manipulables, como frijoles o velas de cumpleaños.

Índice

Respuestas de la página 22
En la fiesta de cumpleaños hay diez regalos.